Jan-Hendrik Schulz

Die RAF
in den 1980er-Jahren

Inhaltsverzeichnis

Das Attentat in Bad Homburg 5

Von der „Bildermaschinerie" zur Bilderlosigkeit? 9

Bilderlose Gefangenenkämpfe in den 1980ern 15

Unbeachtete Gewaltbilder von RAF-Aktionen
in den 1980ern? 23

Herrhausen als Symbol fortdauernder Feindschaft 29

Literatur 31

Das Attentat in Bad Homburg

Am 30. November 1989 werden Anwohner/innen in Bad Homburg um 8.34 Uhr von einem ohrenbetäubenden Knall aufgeschreckt. Der gepanzerte S-Klasse-Mercedes von Alfred Herrhausen, Vorsitzender der Deutschen Bank, wird nur 500 Meter von Herrhausens Anwesen entfernt in einer Explosion förmlich zerrissen. Der „Herr des Geldes" *(Der Spiegel)* und einer der wirtschaftlich einflussreichsten Männer in der Bundesrepublik ist sofort tot. Herrhausens Fahrer Jacob Nix überlebt den Anschlag schwer verletzt. Die übrigen Leibwächter, die den Manager mit je einer Limousine vor und hinter Herrhausens Wagen begleiteten, kommen mit dem Schrecken davon.

Am Tatort stoßen Beamt/innen des Bundeskriminalamts auf eine Hightech-Vorrichtung, wie sie bei Bombenanschlägen in Deutschland noch nicht zum Einsatz gekommen ist. Herrhausens Limousine passierte, so kann rekonstruiert werden, eine Infrarot-Lichtschranke, die offenbar fachmännisch zwischen zwei mit Reflektoren versehenen Begrenzungspfosten des Seedammwegs installiert worden war. Als Bauarbeiter/innen verkleidet hatten die Täter/innen zuvor einen knapp 100 Meter langen Verbindungsdraht in den Bürgersteig einbetoniert. Der Draht war mit einer Schaltkonsole verbunden, die zuvor in einem Gebüsch mit gutem Blick auf den beabsichtigten Explosionsort Sekunden scharf gestellt worden war. Herrhausens Wagen explodierte, als dieser die Kontaktschwelle passierte. Die Bombe, eine Hohllademine mit sieben Kilogramm Sprengstoff, war unscheinbar in einer Sporttasche auf einem Fahrrad deponiert, das an einem Begrenzungspfahl der Straße lehnte. Der Druck der Explosion traf den Wagen genau dort, wo der Bank-Manager saß. Unter der Schaltvorrichtung finden die Beamt/innen ein DIN-A4-Blatt mit dem Symbol der linksradikalen Untergrundgruppe Rote Armee Fraktion, einem Stern mit einer *Heckler & Koch*-MP5-Maschinenpistole und dem Kürzel „RAF" darauf; dazu die Selbstbezeichnung „kommando wolfgang beer", benannt nach einem RAF-Mitglied, das am 25. Juli 1980 in der Nähe von Stuttgart bei einem Verkehrsunfall umgekommen war.

Fünf Tage nach dem Attentat erhält die Agence-France-Presse einen Bekennerbrief der RAF. Darin wird Alfred Herrhausen als „der mächtigste wirtschaftsführer in europa" bezeichnet, unter dessen „regie" sich „die deutsche bank zur europaweit größten bank aufgeschwungen" habe. Herrhausens Bank habe die nur drei Wochen zurückliegende innerdeutsche Grenzöffnung und die Wiedervereinigung aktiv mitforciert und „seit jahren" vorbereitet; die Deutsche Bank stehe jetzt „in den startlöchern", um die Menschen im ehemaligen Ostblock „dem diktat und der logik kapitalistischer ausbeutung zu unterwerfen". Herrhausens Entlastungspläne für hochverschuldete Länder in Lateinamerika bezeichnet die RAF als einen „versuch, die bestehenden herrschafts- und ausplünderungsversuche [dort] längerfristig zu sichern". Er sei damit herausragender Exponent einer „destruktive[n] entwicklung" des westlichen Imperialismus unter US-amerikanischer und westeuropäischer Vorherrschaft gewesen. Noch im Vorjahr seiner Ermordung hatte Herrhausen den Schuldennachlass für Länder des Globalen Südens auf der Tagung des Internationalen Währungsfonds in Berlin gefordert. Diese unkonventionelle Art des Denkens hatte dem Bankmanager Sympathien bis ins linksliberale Spektrum eingebracht.

Die Behörden sind weniger über die (von der RAF ausgebreitete) politische Dimension des Mordes besorgt. Die radikale Linke als wichtigste Adressatin der Täter/innen zeigt nach einem kräftezehrenden Jahrzehnt von „Teilbereichskämpfen", einer im Mai 1989 abgebrochenen Hungerstreikkampagne von RAF-Inhaftierten und im Angesicht der nationalen Jubelschreie zur Wiedervereinigung Auflösungserscheinungen. Die RAF als selbsterklärte Speerspitze linksrevolutionären Widerstands in

Fahndungsplakat am Düsseldorfer Hauptbahnhof im Februar 1985 mit den im Sommer 1984 mutmaßlich untergetauchten RAF-Mitgliedern der „dritten Generation".

der Bundesrepublik ist, bis auf ein überschaubares Unterstützer/innenumfeld, das weiter zu ihr hält, gesellschaftlich isoliert. Der Großteil der Bevölkerung wünscht sich die Verhaftung der „terroristischen Mörderbande".

Irritiert sind staatliche Stellen vielmehr von der Professionalität der Täter/innen, die mit dem Attentat auf Herrhausen gezeigt haben, dass mit ihren technischen Mitteln prinzipiell jede/r Repräsentant/in des ihnen verhassten Systems „militärisch" getroffen werden kann. Die Behörden stoßen auf Kontakte zu den Roten Brigaden in Italien und das Interesse der RAF an Bombenanschlägen der Irisch-Republikanischen Armee (IRA) in Nordirland. Die Spuren führen bis in den Nahen Osten, zum Beispiel in den Libanon, wo sich Gruppenmitglieder wohl zeitweise in den Jahren vor dem Anschlag aufgehalten und sich eventuell die Technik des Bombenanschlags angeeignet hatten. Ein polizeilicher Schutz für sämtliche Personen des „Militärisch-Industriellen Komplexes", die in den vergangenen Jahren auf beschlagnahmten Listen der RAF aufgeführt sind, kann personell nicht gewährleistet werden. Die RAF weiß um diese staatliche Unsicherheit, wenn sie in ihrer Erklärung schreibt, dass es für ihre Feinde „keinen platz geben wird in der welt, an dem sie sicher sind" – auch nicht direkt vor ihrer eigenen Haustür. Die Unsicherheit der Behörden wird durch ausbleibende Fahndungserfolge verstärkt. Bis zum heutigen Tag konnte niemand aus der mutmaßlich fünfköpfigen Kommandogruppe identifiziert werden. Dies hat verschwörungstheoretisch motivierte Stimmen auf den Plan gerufen, von einem „RAF-Phantom" zu sprechen. Konspirative Mächte hätten mit der „dritten Generation" der RAF professionelle Attentäter/innen ins Feld geführt, um außerrechtlich unliebsame Gegner aus dem Weg zu räumen. Einer genauen Analyse, etwa der komplex geführten politischen Kommunikation zwischen RAF, RAF-Gefangenen, Unterstützer/innen und linkem Spektrum, aber auch zwischen RAF-Umfeld und staatlichen Instanzen in der damaligen Zeit, halten solche gewagten Thesen nicht stand.

Von der „Bildermaschinerie" zur Bilder-losigkeit?

Die Phantomhaftigkeit der RAF in den 1980er Jahren lässt sich auch mit ihrer fehlenden Präsenz in den Medien erklären, obgleich ihre Aktivitäten nicht abbrechen und seit 1984 sogar wieder intensiviert werden. Die „Hochzeit des Terrorismus" in der Bundesrepublik in den 1970er-Jahren, die etwas übertrieben als „rotes Jahrzehnt" (Koenen) bezeichnet wurde, steht dazu in starkem Kontrast. Die im Entstehen befindliche RAF steht seit dem Frankfurter Kaufhausbrand am 2. April 1968 und der Befreiung von Andreas Baader am 14. Mai 1970 regelmäßig im Fokus der etablierten Medien. Die Gründungsmitglieder, Baader, Ulrike Meinhof, Gudrun Ensslin und der Anwalt Horst Mahler, sind anders als die späteren RAF-Mitglieder der 1980er-Jahre einer breiten Öffentlichkeit aufgrund ihrer Aktivitäten während der Studentenbewegung bekannt. Eine besondere Rolle spielen in dieser Zeit Fotos. Zahlreiche zentrale Ereignisse und Aktivitäten der RAF in den 1970ern sind ikonographisch bebildert: die Zerstörungen der tödlichen „Mai-Offensive" 1972, die Verhaftungen von Baader, Holger Meins und Ulrike Meinhof, der bis zum Skelett heruntergehungerte Leichnam von Meins am 9. November 1974, der Assoziationen mit KZ-Häftlingen weckt und dessen Foto eine neue RAF-„Generation" erst in den bewaffneten Kampf führt, oder die Tatorte der Gewaltakte im „Deutschen Herbst" 1977. Die Bilder des von der RAF entführten Arbeitgeberpräsidenten Hanns Martin Schleyer, der gekidnappten „Landshut"-Maschine in Mogadischu sowie von den in der JVA Stuttgart-Stammheim zu Tode Gekommenen, Andreas Baader, Gudrun Ensslin und Jan-Carl Raspe, bilden traurige Höhepunkte dieser

„Bildermaschinerie". Insbesondere die Geiselporträts von Hanns Martin Schleyer, die die RAF während des 44-tägigen Entführungsdramas veröffentlicht, haben eine nicht zu unterschätzende emotionalisierende Wirkung auf die Öffentlichkeit und die politischen Verantwortlichen im Krisenstab. Das Foto des nur mit einem Unterhemd bekleideten Industriebosses stilisiert ihn, von der RAF ungewollt, zu einem Privatmenschen, der Opfer mörderischer Terrorist/innen geworden ist. Die Bilder verstärken in Teilen der Bevölkerung der Bundesrepublik den Eindruck, tatsächlich in einer bürgerkriegsähnlichen Auseinandersetzung mit der RAF und ihren „Sympathisanten" zu stehen. Staatliche Reaktionen wie das umstrittene Kontaktsperregesetz, das tief in die Rechte von Inhaftierten und ihren Rechtsanwält/innen eingreift, müssen auch vor diesem Hintergrund gelesen werden.

Trotz der allgegenwärtigen Präsenz von Fotografien zum RAF-Komplex ist es irreführend, von einem „Bilderkrieg" in den 1970er-Jahren zu sprechen. Obwohl zahlreiche Mitglieder der RAF als ehemalige Angehörige der 68er-Bewegung durchaus medienaffin sind – die Journalistin Meinhof oder der Filmstudent Meins können gar als Medienprofis bezeichnet werden –, haben sie Bilder als Medium kaum bis gar nicht genutzt. Die RAF bedient sich vorwiegend der Texte und Worte, um ihre „Propaganda der Tat" zu begründen (Proll). Fotos und ihre Verbreitung, so die Wahrnehmung, sind Mittel der „regierungskontrollierten" Presse, um den revolutionären Kampf als verbrecherischen und pathologisch getriebenen Terrorismus zu denunzieren. Teile der ehemaligen Studentenbewegung, darunter die RAF, wähnen die bundesrepublikanische Gesellschaft in den 1970er-Jahren in einem „neuen Faschismus" unter sozialliberaler Ägide. Die Bundesrepublik steht in diesem Verständnis als NATO-Staat wie bereits im Nationalsozialismus für einen mörderischen Antikommunismus, dessen Höhepunkte die militärisch-logistische Unterstützung des „Völkermords" der USA im Vietnamkrieg sowie die physische und psychische

Vernichtung linker Fundamentalopposition auf deutschem Boden darstellen – Stichwort: „Isolationsfolter" in deutschen Gefängnissen.

Das Medienverständnis der RAF ist Teil des Erbes der Studentenbewegung von „1968" der 1960er-Jahre. George Orwells „Schreckbild einer monolithischen Bewusstseins-Industrie" scheint in der „Gleichschaltung" der Medienwelt im Deutschen Herbst sein Echo zu finden. Überlegungen zu einer neulinken Medientheorie, die über diesen Manipulationsverdacht erhaben ist, liegen 1970 mit dem „Baukasten zu einer Theorie der Medien" des Schriftstellers Hans Magnus Enzensberger nur in Ansätzen vor. Feinfühlige Analysen werden von der polarisierten Konfrontation zwischen Staat und RAF überdeckt.

Das von Mythen umrankte Ende des Deutschen Herbstes, die „Stammheimer Todesnacht" in der Nacht vom 17./18. Oktober 1977, bildet den Wendepunkt der medialen Auseinandersetzung mit der RAF. Die eigens eingestandene „niederlage 77" führt die Gruppe im Anschluss nach dem Deutschen Herbst zwar nicht zur Einstellung ihrer Aktivitäten. Jedoch nimmt sie in den 1980er-Jahren Abstand von Entführungsaktionen und überhaupt von jeglicher Dramaturgie mittels fotografischer Medien. Natürlich ist für diese Entscheidung nicht die fehlgeschlagene politische Vermittlung ausschlaggebend, Schleyer nicht hinreichend als „Industrieboss mit SS-Vergangenheit" porträtiert zu haben (Wisniewski). Die Regierung unter Kanzler Helmut Schmidt hat der RAF mit ihrem kompromisslosen Handeln vielmehr gezeigt, dass die Nichtverhandlung mit Terroristen Teil der Staatsräson geworden ist. Eine Entführung, so die Botschaft, ist in Zukunft aussichtslos. Diese verhärtete Haltung bestand vor der Schleyer-Entführung noch nicht, wie das „erfolgreiche" Kidnapping des Westberliner CDU-Oberbürgermeisterkandidaten Peter Lorenz durch die Bewegung 2. Juni im Jahr 1975 zeigte.

Die RAF sieht sich in der Folgezeit gezwungen ihr politisches Konzept zu überdenken. Als Fehler der 1970er-Jahre wird die Ausrichtung auf eine bürgerliche Öffentlichkeit angeführt. Die Adressat/innen des bewaffneten Kampfes gegen NATO und Staat werden spätestens seit dem im Mai 1982 veröffentlichten RAF-Papier „Guerilla, Widerstand und antiimperialistische Front" nur noch im radikalen Teil der heimischen Linken sowie im Schulterschluss mit der „revolutionären Linken" in Westeuropa gesucht: den Roten Brigaden in Italien, der Action Directe in Frankreich, der IRA in Irland, der GRAPO in Spanien usw. Die Abkehr von der breiten Öffentlichkeit in der Bundesrepublik ist zudem eine Reaktion auf die nach 1977 nur noch begrenzte Bereitschaft der Medien, den Aktionen der RAF und überhaupt der radikalen Linken großen medialen Raum zu geben. Die Gründung der linken *tageszeitung (taz)* muss vor diesem Hintergrund gesehen werden – sie will der Linken in Westdeutschland wieder eine mediale Plattform geben, die ihnen die RAF mit ihren mörderischen Aktionen genommen habe. Von Staatsseite wird der Linksterrorismus seit 1977 zumindest in der Öffentlichkeit nicht länger als bürgerkriegsähnliche Herausforderung verhandelt, sondern als „begrenzter Brandherd", der jedoch stets unter Kontrolle sei (Musolff).

Das weitgehende Fehlen einschlägiger Fotografien in den 1980er-Jahren führt dazu, dass das Phänomen RAF in visueller Hinsicht mit ikonographischen Fotos in Verbindung gebracht wird. Die Geschehnisse der 1970er-Jahre haben in der westdeutschen Gesellschaft ein Bildergedächtnis von der RAF als mordende Terrorgruppe erzeugt, das in den 1980ern nachhallt. Nach 1977 dominieren zudem Bilder anderer, vorrangig gewaltloser und gewaltfreier Akteur/innen: der Friedens-, Öko- und Anti-Atomkraft-Bewegungen. Parallel erreichen die Öffentlichkeit erneut Bilder politischer Gewalt, die dieses Mal weniger „terroristischer", sondern eher symbolischer Natur ist: Es sind Bilder des autonomen „Schwarzen Blocks", rebellierender Hausbesetzer/innen und vermummter Straßenkämpfer/innen, die den gewaltfreien Protesten gegen die militärische Aufrüstung im Zuge des NATO-Doppelbeschlusses eine militante Note geben. Die weiteren Aktivitäten der RAF, ihrer

Gefangenen und Unterstützer/innen außerhalb der Haftanstalten werden zu medialen Randnotizen und verblassen hinter der ausführlichen Berichterstattung über die „Neuen Sozialen Bewegungen". Dennoch bleibt die RAF Teil des nun von den „Linksalternativen" dominierten politischen Diskurses.

picture-alliance / dpa | Michael Probst, 1890676

Mehrere tausend Autonome und Antiimperialist/innen demonstrierten am 31. Oktober 1987 in Hamburg für den Erhalt des linken Häuserprojektes Hafenstraße in Hamburg und für die Zusammenlegung der RAF-Gefangenen.

IMAGO 0052559014

Da aus Sicht der Unterstützer/innen der RAF-Gefangenen zu wenig bis gar nicht über die RAF-Hungerstreiks in den 1980er-Jahren berichtet worden sei, griffen sie zu neuen Aktionsformen zur „Schaffung von Öffentlichkeit", wie hier mit der Besetzung der Parteizentrale der GRÜNEN in Frankfurt/Main im Januar 1985. Die GRÜNEN pflegten ein zwiespältiges Verhältnis zu den Inhaftierten und ihren Unterstützer/innen, deren Forderungen sie zwar prinzipiell nachvollziehen konnten, wobei sie die gewaltsame Politik der RAF außerhalb der Haftanstalten jedoch vehement ablehnten.

Bilderlose Gefangenenkämpfe in den 1980ern

Seit Ende der 1970er Jahre werden neue Hochsicherheitstrakte in mehreren westdeutschen Haftanstalten eigens für „terroristische Straftäter" in Betrieb genommen. Nach der Auflösung der von Linksintellektuellen dominierten „Anti-Folter-Komitees" in den 1970er-Jahren gründen sich in zahlreichen Städten linksradikale „Anti-Trakt-" und „Anti-Knast-Gruppen", um gegen „Hightech-Gefängnisse" wie die JVA Celle oder die JVA Lübeck zu mobilisieren. Die Gefangenen aus der RAF organisieren in den 1980er-Jahren gemeinsam mit Inhaftierten aus ihrem zunehmend radikaleren Umfeld, dem „Antiimperialistischen Widerstand", insgesamt drei kollektive Hungerstreiks: 1981, 1984/85 und 1989. An jedem der Streiks nehmen mehrere Dutzend Inhaftierte in bis zu 16 Haftanstalten teil. Sie fordern verbesserte Haftbedingungen und verlangen – bis auf wenige Ausnahmen – ihre Zusammenlegung in große Gruppen. Tatsächlich sitzt der Großteil der Gefangenen in strenger Einzelhaft ohne gewöhnlichen „Umschluss" mit anderen Häftlingen. Die Inhaftierten unterliegen einer strikten Postkontrolle, Besuche sind überwacht, Hofgang ist in der Regel auf nur eine Stunde am Tag begrenzt – die restliche Zeit: Aufenthalt in der Zelle. Nur in Celle, Lübeck und Berlin-Moabit sind RAF-Gefangene in maximal fünfköpfigen Kleingruppen zusammen eingeschlossen. Ihr Ziel ist grundsätzlich eine Haftsituation wie die der RAF-Gründer/innen während des Stammheimer Verfahrens im Frühjahr 1977. Hier durften Frauen und Männer gemeinsam im siebten Stock der JVA Stuttgart-Stammheim ihren Prozess vorbereiten; ein absolutes Novum in der Geschichte des bundesdeutschen Strafvollzugs. Die RAF-Gefangenen bleiben nach 1977 weiter unbeugsam: Sie wollen sich nicht von ihrem Kampf distanzieren und sich ihre „politische Identität vernichten" lassen, obwohl ihnen Hafterleichterungen in Aussicht gestellt werden. Bis Mitte der 1980er-Jahre verstehen sich die RAF-Gefangenen als politische „Kriegsgefangene" in der Bundesrepublik, weshalb ihnen eine Behandlung gemäß Genfer Konventionen zustehe. Die Forderungen der Inhaftierten werden inner- und außerhalb der Haftanstalten als „Aktivitäten" bzw. „Unterstützung einer terroristischen Vereinigung" nach § 129a StGB kriminalisiert und strafrechtlich verfolgt.

Die Herausforderung der Organisierung von Hungerstreiks besteht darin, trotz widrigster Kommunikationsbedingungen eine Kampagne zu initiieren, die „drinnen" die Mitgefangenen in verschiedenen Haftanstalten erreicht und „draußen" potentielle und tatsächliche Unterstützer/innen mobilisieren kann. Wie die sieben vorangegangenen RAF-Hungerstreiks in den 1970er-Jahren werden auch die drei letzten Streiks in den 1980ern „unbefristet" geführt, d. h. die Inhaftierten sind bereit, notfalls bis zum Tod zu gehen, falls ihre Forderungen nicht erfüllt werden. Bis Mitte des Jahrzehnts werden die Inhaftierten bei „akuter Lebensgefahr" Zwangsernährungen unterworfen. Die „ZE", wie diese Maßnahmen von den Inhaftierten kurz bezeichnet werden, sind gewaltsame Auseinandersetzungen zwischen Anstaltspersonal und Häftlingen. Letztere wehren sich in der Regel vehement dagegen, dass ihnen ein Schlauch durch den Mund gewaltsam eingeführt wird, wodurch das Verletzungsrisiko noch steigt. Die ausgezehrten Körper vertragen nach Wochen des Hungerns den infundierten Brei oftmals nicht, wodurch es zu lebensgefährlichen Komplikationen kommen kann. Sigurd Debus, ein Inhaftierter in der JVA Hamburg-Fuhlsbüttel, der sich dem RAF-Hungerstreik 1981 aus Solidarität anschließt, stirbt infolge einer Zwangsernährung. Er ist nach Holger Meins der zweite Tote im Zuge eines RAF-Hungerstreiks. Bis 1985 fallen mehrere Gefangene ins Koma, wie zum Beispiel Knut Folkerts in der MHH Hannover. Folkerts wird gemäß einem neuen Gesetzentwurf nur ernährt, wenn er

Keystone, 5688362

Polizisten führen am 4. März 1981 während des laufenden RAF-Hungerstreiks eine Besetzerin aus der Kantine des Spiegel-Gebäudes in Hamburg ab. 24 Demonstranten, darunter Angehörige inhaftierter RAF-Mitglieder, hatten die Kantine am Vormittag besetzt. Ziel der Aktion war die Veröffentlichung der Haftumstände der Inhaftierten.

nicht bei Bewusstsein ist und sich nicht wehren kann. Einige, wie Günter Sonnenberg, Bernd Rössner, Angelika Goder oder Claudia Wannersdorfer, sind gesundheitlich von der Haft dermaßen angeschlagen, dass sie laut ihrer Rechtsanwält/innen haftunfähig geworden sind. Für sie, die in ständiger Lebensgefahr schwebten, wird die Haftentlassung gefordert. Dass die RAF-Gefangenen ihren Streik nicht bis zum Tod weiterführen, zeigt zum einen ihre Angst, im Zuge der Hungerstreiks ihre

JUSTIZMINISTERIUM
ANGEHÖRIGE fordern von JUSTIZMINISTER
KRUMSIEK daß er für die ERFÜLLUNG der
FORDERUNGEN der GEFANGENEN aus RAF,
WIDERSTAND, aller Kämpfenden GEFANGENEN sorgt!

Keystone/ AP, 5585344

Eltern, Verwandte und Freund/innen von Inhaftierten aus der RAF und ihrem Umfeld demonstrierten am 29. März 1989 vor dem Justizministerium in Düsseldorf für die Erfüllung der Forderungen der hungerstreikenden Inhaftierten.

Genoss/innen zu verlieren und handlungsunfähig zu werden – ihr „Personal“ ist begrenzt – und zum anderen die aussichtslose politische Lage, ihre Forderungen gegen den „Staat“ nicht durchsetzen zu können. Bereits seit Mitte der 1970er-Jahre, damals noch unter Bundeskanzler Helmut Schmidt, halten staatliche Instanzen am Grundsatz fest, sich „nicht von Terroristen erpressen zu lassen“.

Anders als bei Meins gibt es von Debus’ Leiche keine Aufnahmen. Aus Mangel an Fotografien kursiert unter Unterstützer/innen lediglich ein älteres Porträtfoto von ihm. Dies ist kein Zufall: Um eine Eskalation außerhalb der Haftanstalten zu vermeiden, versuchen staatliche Instanzen so wenig Informationen wie möglich zu den Hungerstreiks durchsickern zu lassen. Ein Grund, weshalb Debus nie den Status eines Märtyrers wie Holger Meins innehat, liegt nicht nur in der Tatsache, dass

er als Aktivist wenig bekannt und eben kein zentrales RAF-Mitglied ist, sondern auch, weil sein Kampf im Gefängnis nicht
visualisiert werden kann. Informationen zu und über die Hungerstreiks erhalten die Unterstützer/innen über Berichte der
Gefangenen aus der Haft, die ihre Rechtsanwält/innen veröffentlichen. Briefe, in denen Hungerstreiks oder damit verbundene Aktivitäten erwähnt werden, werden von den Poststellen
in den Anstalten angehalten und „zur Habe" der Inhaftierten
genommen. Zahlreiche Briefe ihrer Korrespondenzen erhalten die jahrelang Inhaftierten somit erst nach ihrer Haftentlassung. Das Fehlen von differenzierten Gegendarstellungen von
staatlicher Seite bewirkt, dass die Berichte die einzige Bezugs-
quelle für Informationen sind. Die Behörden tun die Äußerun-
gen der RAF-Gefangenen in der Regel als plumpe Propaganda
ab und reagieren allenfalls lapidar; weder gebe es politische
Gefangene in der Bundesrepublik noch besondere Haftbedingungen für diese. Diese Tatsache begünstigt den Eindruck von
Authentizität, den die sehr ausführlichen Texte der Inhaftierten bei ihren Unterstützer/innen hinterlassen. Jedoch bleibt
die Rezeption der Briefe, die in Broschüren und linken Unter-
grundzeitschriften abgedruckt werden, auf lange Zeit auf ein
überschaubares Publikum der Hungerstreiks in der radikalen
und gefängnisinteressierten Linken beschränkt. Erst in der
zweiten Hälfte der 1980er-Jahre beginnt die *taz* als auflagen-
stärkste linke Tageszeitung ausführlicher über die Haftsituation der RAF-Gefangenen zu berichten. Örtlich zuzuordnende
Fotografien vom „Innenleben" der Gefängnisse gibt es in dieser Zeit keine, weshalb zum Beispiel die genaue Beschreibung
der Zellen viel Raum in den Haftberichten einnimmt. Erst seit
Ende der 1980er-Jahre wird es einigen Inhaftierten gestattet,
Fotos von anderen RAF-Gefangenen zu erhalten, mit denen sie
gemeinsam in Hungerstreiks getreten sind. Einige Inhaftierte
wissen nicht einmal, wie ihre Mitstreiter/innen aussehen, da
sie zu unterschiedlichen Zeitpunkten in die Illegalität gegan-
gen und verhaftet worden sind. Sie haben sich erst in der Ge-
fangenschaft über Briefwechsel kennengelernt.

Das Wandbild der Fassade der Hamburger Hafenstraße entstand anlässlich des 7. Jahrestages der „Stammheimer Todesnacht" im Oktober 1986. Der Hamburger Senat ließ es gegen den Protest der Bewohner/innen unter Polizeischutz überstreichen.

Die staatliche Politik, in dieser Zeit keine Bilder zuzulassen, wird in der Bundesrepublik grundsätzlich rigider gehandhabt als in anderen Ländern, die mit „politischen Gefangenen" zu tun haben. So gibt es zum Beispiel Aufnahmen von kurdischen Aktivist/innen in türkischen Gefängnissen und von Kommunist/innen in spanischen Haftanstalten, die unter Häftlingen kursieren. Der Gefangenenkampf kann in der Bundesrepublik fotografisch nur von „außen" erfasst werden. Es sind Bilder von Graffiti und Polit-Plakaten, öffentlichen Demonstrationen und Protestaktionen sowie die Außenansichten der jeweiligen Haftanstalten. Die Fotos von „Knastdemos" sind eine visuelle Verdichtung von Straßenprotest und dem Ort des Gefangenenkampfes: Sie zeigen eine kämpferische Lebendigkeit der Demonstrierenden, die in starkem Kontrast zu den Betonfestungen der Hochsicherheitsgefängnisse im Hintergrund steht.

„Knastdemo" von Unterstützer/innen RAF-Gefangener während ihres Hunger-streiks vor der JVA Celle am 11. März 1989.

Diese Demonstrationen sind in ihrer Praxis audiovisuelle Versuche, die Gefangenen über die Mauern in ihren Zellen zu erreichen und in ihrem Kampf zu bestärken.

Am 29. April 1989 demonstrieren in Bonn rund 10.000 Menschen für die Erfüllung der Forderungen der RAF-Gefangenen. Es handelt sich um die größte Solidaritätsdemonstration mit der RAF in ihrer Geschichte. Den Teilnehmer/innen ist bewusst, dass sie sich mit ihrer Solidarisierung mit der Forderung nach Zusammenlegung im Sinne der „Unterstützung einer terroristischen Vereinigung" bzw. „Werbung" für eine solche strafbar machen können. Die große Empörung über die Haftbedingungen nur wenige Monate vor dem Mauerfall ist deshalb bemerkenswert, die Gründe dafür sind komplex. An dieser Stelle interessiert vor allem ein Punkt: der Einsatz für die Verbesserung der Kommunikationsbedingungen der Inhaftierten. Das Fehlen von Fotografien zum Kampf der Gefangenen (re)produziert eigene Bilder in den Köpfen der Demonstrierenden. Das Foto des toten Holger Meins ist vielen Menschen in den 1980ern sehr klar in Erinnerung geblieben und wird während der Hungerstreiks wieder „hochgeholt". Das Verbot, Bilder der Inhaftierten zu bekommen, nicht genau zu wissen, wie es ihnen hinter den Betonmauern geht, wie sie nach den jahrelangen Strapazen aussehen, sind emotionale Faktoren der Mobilisierung und bestärken das Misstrauen gegen den „Staat". Was hat dieser zu verbergen? Das Bedürfnis nach Visualisierung des Kampfes der Eingesperrten sowie die Angst, irgendwann selbst hinter den Mauern zu „verschwinden" und gesichtslos „vergessen" zu werden, sind Gründe vieler Menschen gegen staatliche Repression und für die Verbesserung der Haftbedingungen auf die Straße zu gehen.

picture-alliance/dpa/Martin Athenstädt, 10532310

Tausende demonstrierten am 29. April 1989 in Bonn für die Forderungen der RAF-Gefangenen nach Zusammenlegung in große Gruppen.

Unbeachtete Gewaltbilder von RAF-Aktionen in den 1980ern?

Mit dem Ende des Vietnamkrieges am 30. April 1975 entfällt ein Motiv der RAF, das für viele Zeitgenoss/innen die Anschläge gegen NATO- und US-Einrichtungen zumindest politisch (nicht unbedingt moralisch) nachvollziehbar gemacht hat. Die internationalistischen Bezugspunkte der Gruppe seit Ende der 1970er-Jahre, die linken lateinamerikanischen Revolutionen in Nicaragua und El Salvador, sowie der weiter schwelende israelisch-palästinensische Konflikt, entfalten eine geringere mediale Bedeutung in der westdeutschen Öffentlichkeit. Dies liegt nicht zuletzt an den neuen dominanten politischen Akteur/innen aus der Friedensbewegung, die zwar massenhaft gewaltfrei gegen die aggressive US-Außenpolitik unter Präsident Ronald Reagan demonstrieren, aber letztlich den Fokus auf die atomare Kriegsgefahr in der Bundesrepublik legen. Eine linksradikale Anti-Kriegs-Bewegung, an die sich die RAF nun zu wenden versucht, plädiert dagegen für einen militanten Internationalismus gegen die US-dominierte NATO im „Herzen" der Bundesrepublik als wichtigsten US-Verbündeten in Westeuropa. Aber auch bei potentiellen Unterstützer/innen der RAF, darunter Autonome, Antiimperialist/innen und Angehörige der Dritte-Welt-Bewegung, überwiegt die Skepsis gegenüber der RAF-Politik. Die Analysen der RAF werden als abstrakt kritisiert. Außer in dem engen Umfeld der RAF, das nun als „Antiimperialistischer Widerstand" zunehmend militanter auftritt, werden die neuen RAF-Erklärungen in der radikalen Linken kaum diskutiert. Die Vorwürfe von „autonomer" Seite lauten, die RAF habe sich mit ihren extremen Mitteln, Methoden und ihrem exklusiven Selbstverständnis als selbsterklärte Avantgarde ohne breite Unterstützung in der Bevölkerung und ohne Gespür für das richtige Maß revolutionärer Gewalt ins politische Abseits manövriert. Die RAF wiederum wirft ihren linken Kritiker/innen vor, davor zurückzuschrecken, mit den eigenen bürgerlichen Verhältnissen zu brechen und „konsequent antiimperialistisch" zu kämpfen.

Die jungen Aktivist/innen, die sich im Sommer 1984 nach mehreren Verhaftungen von RAF-Mitgliedern genötigt sehen, in die Illegalität zu gehen, damit die RAF politisch weiterexistieren kann, kommen aus dem Unterstützer/innen-Umfeld der Gruppe und ihrer Gefangenen. Diese sogenannte „dritte Generation" sagt gemeinsam mit der französischen Action Directe dem „militärisch-industriellen Komplex" in Westeuropa und der Europäischen Gemeinschaft, der „Achse Paris-Bonn", den Kampf an. Ihnen fallen vor dem Anschlag gegen Herrhausen eine ganze Reihe von Personen zum Opfer, die als militärische, wirtschaftliche und politische „Funktionäre" des Europäischen Integrationsprozesses identifiziert werden: darunter der Vorstandsvorsitzende der Motoren-und-Turbinen-Union Ernst Zimmermann, der Diplomat Gerold von Braunmühl und der Siemens-Manager Karl-Heinz Beckurts. Die Opfer sind der Öffentlichkeit im Vergleich zu früheren Zielen der RAF weitgehend unbekannt; die Behörden mutmaßen, dass es den Täter/innen bei der Auswahl der Zielpersonen vorrangig um die eigene Sicherheit geht, weshalb sie Männer „aus der dritten Reihe" mit wenig oder gar keinem Personenschutz ins Visier nehmen würden.

Das Unvermögen der RAF in den 1980er-Jahren ihre Aktionen verständlich zu machen, führt dazu, dass Fotografien von Anschlagsorten die Gewalt der RAF oftmals als unpersönlich, beliebig und sinnlos erscheinen lassen. Von einigen „Hinrichtungen", die die RAF nach 1984 durchgeführt hat, existieren nicht einmal „direkte" Bilder. Der Tod Ernst Zimmermanns, der am 1. Februar 1985 gefesselt in seinem Schlafzimmer erschossen wird, ist lediglich mit dem Foto seines Privathauses dokumentiert, auf dem sein Auto und Polizeiermittler zu erkennen

AP/dpa/DB Mächler, 264326674796

Ermittler vor dem Haus des von der RAF ermordeten Vorsitzenden der Motoren-und-Turbinen-Union Ernst Zimmermann in Gauting südwestlich von München Anfang Februar 1985

sind. Von dem US-Soldaten Edward Pimental, der im Vorfeld des Autobombenanschlages gegen die Rhein-Main Air-Base in Frankfurt/a. M. am 8. August 1985 lediglich wegen seiner ID-Karte in einem Waldstück bei Wiesbaden kaltblütig von der RAF ermordet wird, ist nur ein Foto seines Ausweises bekannt, den die RAF mit der Anschlagserklärung an die Presse schickt.

Es ist zu überlegen, inwieweit das Fehlen expliziter Fotos von den Gewaltakten auch dazu führen kann, dass Gewalt selbst politisch leichter rationalisiert werden kann. Fehlende Darstellungen führen zu einer Entkopplung von lebensweltlichen Bezügen und somit von den blutigen Gewaltakten selbst, die zwar in das Leben der Angehörigen der Opfer einschlagen, darüber hinaus jedoch vergleichsweise wenig Beachtung bekommen. Vor diesem Hintergrund scheint wichtig, dass die

picture-alliance/dpa/Thomas Wattenberg, 6956325

Der RAF-Autobombenanschlag auf der Rhein Main Air-Base in Frankfurt am 8. August 1985 tötete den US-Soldaten Frank H. Scarton und die Zivilangestellte Becky Jo Bristol. 23 weitere Personen wurden zum Teil schwer verletzt.

politischen Erklärungen der späten RAF nicht nur für Außenstehende zunehmend abgekoppelt vom eigenen Alltag erscheinen, sondern auch von Teilen der eigenen Unterstützer/innen, spätestens seit der Ermordung des „einfachen Soldaten" Pimentals, zunehmend mit Befremden aufgenommen werden. Wahrscheinlich hätten Fotos des hingerichteten Pimental den internen Distanzierungsprozess gegenüber der RAF weiter beschleunigt. So jedoch kann die „revolutionäre Gewalt" von besonders „straighten" Sympathisant/innen noch gutgeheißen werden. Zerfetzte Autowracks in schwarz-weiß ohne explizite körperliche Gewaltdarstellungen wie auf der Rhein-Main Air-Base oder wie bei dem Attentat auf den Wagen von Beckurts am 9. Juli 1986 in Straßlau können somit auch einen verharmlosenden Effekt haben. Unterschwellig bedienen diese Fotos den Eindruck – hier ist Herrhausens Limousine keine

Der zerstörte Wagen des Atomphysikers und Siemens-Managers Karl Heinz Beckurts bei Straßlach am 9. Juli 1986.

Ausnahme –, dass die „Gewalt gegen Sachen", die in den 1980ern in gewissen Kreisen Zuspruch erhält, ein legitimes Element der Sabotageaktionen der RAF ist. Wohlgemerkt: Wir befinden uns in einer Zeit, in der das Wort „Mercedesfahrer" eine Beleidigung ist; diese Personengruppe steht im linksalternativen Milieu symbolisch für westdeutschen Machtproporz und Umweltzerstörung.

Eine Ausnahme bildet das Foto des vor seinem Haus auf offener Straße erschossenen Gerold von Braunmühl. Die Brüder des getöteten Diplomaten versuchen mit diesem Bild die RAF zu einer Stellungnahme zu provozieren und nutzen es als Cover ihrer 1987 veröffentlichten Dokumentation „Ihr habt unseren Bruder ermordet". Der Appell, den bewaffneten Kampf umgehend aufzugeben, verhallt in den 1980ern allerdings. Erst nach ihrer Verhaftung 1993 sucht die RAF-Gefangene

Birgit Hogefeld den Dialog im Alleingang; aus ihrer Gruppe erhält sie für diese Initiative keine Unterstützung. RAF-intern gilt die Ermordung von Braunmühls nichtsdestotrotz als politischer Tiefpunkt in der eigenen Geschichte. Von Braunmühl ist keine wirklich bekannte Person auf der politischen Bühne der Bundesrepublik. Der Mord erscheint selbst den eigenen Genoss/innen im Gefängnis als beliebig und damit unpolitisch. Dennoch ist bemerkenswert, dass nach dem Anschlag in der *taz* Solidaritätsbekenntnisse für die RAF geäußert werden. Die Gruppe wird gegenüber der RAF-feindlichen Linken von zahlreichen Leser/innen in Schutz genommen. Die RAF, so der Tenor, tue wenigstens etwas gegen die herrschenden Verhältnisse, ganz im Unterschied zu den ewig Diskutierenden der mittlerweile etablierten „Linksalternativen". Das Foto des erschossenen von Braunmühl wird dabei selbst mehr oder weniger ignoriert und steht nicht zur Debatte.

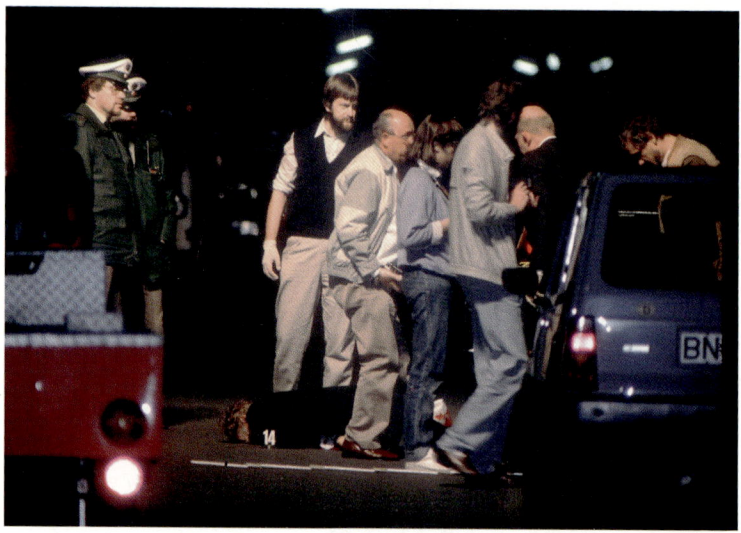

sz-photo/ Hans-Guenther Oed, 00040231

Die Leiche des von der RAF erschossenen Gerold von Braunmühl am 10. Oktober 1986 vor seinem Privathaus in Bonn-Ippendorf.

Herrhausen als Symbol fortdauernder Feindschaft

Das Bild der zerstörten Limousine von Alfred Herrhausen steht in Kontrast zu den Bildern der Attentatsorte, an denen in den Jahren zuvor eher unbekannte Exponenten aus Wirtschaft, Politik und Militär ihr Leben verloren. Ganz im Gegensatz zu Gerold von Braunmühl und anderen Opfern der RAF in den 1980er-Jahren ist Herrhausen eine allgemeinhin bekannte Symbolperson des deutschen Finanzkapitals. Herrhausens Autowrack ist zwölf Jahre nach den Morden an Siegfried Buback, Jürgen Ponto und Hanns Martin Schleyer ein Bild, das noch einmal die erbitterte Feindschaft zwischen „Staat" und RAF heraufbeschwört. Anlässlich ihrer Selbstauflösung am 20. April 1998 veröffentlichen ehemalige Unterstützer/innen der Gruppe das Foto als Plakat und ziehen eine ironisch-provozierende

Privatarchiv JHS

Das Plakat veröffentlichten Unterstützer/innen der RAF 1998 anlässlich ihrer Selbstauflösung.

Parallele zur „Mescalero-Affäre" von 1977: „Wir hatten oft mehr als klammheimliche Freude". Ein Göttinger Student hatte seinerzeit seine RAF-kritische Schadenfreude anlässlich der Ermordung des Generalbundesanwalts Buback ausgedrückt, was die Behörden als Anlass zu einer repressiven Welle gegen mutmaßliche Sympathisant/innen nahmen. Mit dem Plakat von 1998 wird nicht nur die Wut über die mit der Aufgabe der RAF verbundene Niederlage der radikalen Linken ausgedrückt. Es soll auch zeigen, dass der Kampf der RAF eine legitime Basis gehabt habe und darüber hinaus nicht isoliert gewesen sei. Das Herrhausen-Foto wird so zum trotzigen Symbol der fortdauernden Feindschaft zwischen radikaler Linker und Staat. Die politischen Koordinaten, in denen die RAF ihren Kampf führte, so die Botschaft, bleiben weiter aktuell.

Literatur

Inge Brodersen, Freimut Duve (Hg.), „Ihr habt unseren Bruder ermordet". Die Antwort der Brüder des Gerold von Braunmühl an die RAF. Eine Dokumentation, Rowohlt, Reinbek b. Hamburg 1987.

Hans Magnus Enzensberger, Baukasten zur Theorie der Medien, in: Kursbuch 20 (1970), S. 159–186.

Sebastian Haunss, „Front entsteht als kämpfende Bewegung". Antiimp-Plakate, in: hoch die kampf dem. 20 Jahre Plakate autonomer Bewegung, hg. von HKS 13, Verlag Libertäre Assoziation, Hamburg, Berlin, Göttingen, S. 110–123.

Charlotte Klonk, Terror: Wenn Bilder zu Waffen werden, S. Fischer, Frankfurt 2017.

Andreas Musolff, Krieg gegen die Öffentlichkeit. Terrorismus und politischer Sprachgebrauch, Westdeutscher Verlag, Opladen 1996.

Butz Peters, Tödlicher Irrtum. Die Geschichte der RAF, Fischer Taschenbuch Verlag, Frankfurt 2007.

Astrid Proll, Hans und Grete. Die RAF 1967–1977, Aufbau-Verlag, Berlin 2004.

Susanne Regener, „Anarchistische Gewalttäter". Zur Mediengeschichte der RAF-Plakate, in: Das Jahrhundert der Bilder. Band II: 1949 bis heute (Schriftenreihe; Bd. 734), hg. von Gerhard Paul, Bundeszentrale für politische Bildung, Bonn 2008, S. 402–409.

Rolf Sachsse, Die Entführung. Die RAF als Bildermaschine, in: Das Jahrhundert der Bilder. Band II: 1949 bis heute (Schriftenreihe; Bd. 734), hg. von Gerhard Paul, Bundeszentrale für politische Bildung, Bonn 2008, S. 466–473.

Jan-Hendrik Schulz, *Unbeugsam hinter Gittern. Die Hungerstreiks der RAF nach dem Deutschen Herbst*, Campus, Frankfurt/New York 2019.

Petra Terhoeven, *Opferbilder – Täterbilder. Die Fotografie als Medium linksterroristischer Selbstermächtigung in Deutschland und Italien während der 70er Jahre*, in: Geschichte in Wissenschaft und Unterricht, Heft 58 (2007), Nr. 7/8, S. 380–399.

Stefan Wisniewski, *Wir waren so unheimlich konsequent... Ein Gespräch zur Geschichte der RAF mit Stefan Wisniewski*, 3. Aufl., ID-Verlag, Berlin 2003.

„Wir können jeden erledigen", in: der Spiegel 49 (1989), URL: https://www.spiegel.de/politik/wir-koennen-jeden-erledigen-a-d5bff091-0002-0001-0000-000013496228.